「苔ボトル」
育てる楽しむ癒しのコケ図鑑

電波社

　「苔ボトル」―――あまりみなさん聞いたことのない言葉でしょうが、今までは盆栽などで脇役だったコケを、ボトルの中で育成し飾ることで「主役」にして楽しむ人が、今、じわじわ増えています。そもそもコケというと、家の裏庭や神社の敷地内など、湿ったところに生えている地味な存在でしたが、一方で日本の国歌である『君が代』に「苔のむすまで」という歌詞があることからも分かるように、古来より日本人にとって身近な存在でもありました。

　コケのような深緑色の色を「モスグリーン」というように（モス＝コケの英名）、思わず引き込まれてしまうようなその深い色は、誰もの心を癒します。さらにはそのビロードのような肌触り、微細ながらも美しい造形美は、つい近づいて鑑賞したくなる魅力に溢れています。

　では、このコケの魅力を、いつでも側において楽しみたい。そんな時に活躍するのが、この「苔ボトル」なの

ようこそ、「苔ボトル」の世界へ──

です。といっても「盆栽」と考えれば、育成するのも面倒くさそうだし、お金もかかりそう……。そう考える人も多いかもしれませんが、実はコケ自体、園芸店で数百円から買えますし、公園などに生えているコケを採取してきて育てることも可能です。容器だって、100円ショップで売っているもので、十分美しく飾れるのです。

本書ではコケの生態から育成方法、苔ボトルの作り方・作成例・飾り方、さらにはよく使われるコケの図鑑まで網羅し、初心者でも簡単に苔ボトルを楽しめるよう優しく解説しています。もちろん実際に苔ボトルを作らなくても、この本を眺めるだけで、十分癒されることでしょう。

オフィスのデスクの上に飾って、仕事の疲れを癒すもよし。部屋に置いて、インテリアに潤いを与えるもよし。あなたも"ボトルの中の小宇宙"苔ボトルの世界に浸ってみてはいかがでしょうか？

※ボトルは正確にいうと「フタの付いた瓶」になりますが、本書においてはフタのない容器も「ボトル」として紹介しています。ご了承ください。

机上で楽しむ苔ボトル

苔ボトルの一番の利点が、かさばらず置く場所を選ばないこと。職場のデスクの上にちょこんと飾れば、殺風景なオフィスに緑の潤いを与え、仕事の疲れを癒してくれるのは間違いないでしょう。

植物育成容器で作成した苔ボトルも、おしゃれに飾ればダイニングの雰囲気は一変。もちろん持ち運びも楽なので、どこででも楽しめる。（P53で紹介）

複数の種類のコケを寄せ植えするのも楽しみのひとつ。様々な表情のコケをデスクの上でも鑑賞できる。（P40～41で紹介）

黒が基調のオフィスでは、コケの緑がいっそう映える。床材も黒系の物を選ぶと、さらに緑が引き立つ。（P42〜43で紹介）

木の枝などでレイアウトすると、より一層自然感が増す。ちょっとしたレイアウト変更が可能なのもコケの楽しさのひとつだ。

インテリアで楽しむ苔ボトル

いつものリビングにいつものインテリア……そんなお部屋に苔ボトルでアクセントを与えてみるのはいかがでしょう。大きな観葉植物を飾るにはスペースがない、世話をするのも面倒、という方にもお勧めです。

完全密閉型の苔ボトルでは、たまにフタを開けて換気と霧吹きをすることが必要。同時に上空からコケを鑑賞する楽しみもある。

本棚も苔ボトルを飾る場所に適している。パステルカラーが多い子供向けの本棚でも合うし、難しい学術書が並ぶ本棚でもアクセントになる。（P57で紹介）

ダイニングなどでは衛生面を考えて、念のためフタの出来るボトルを使用するとよい。湿度も保てて一石二鳥だ。(P38〜39で紹介)

スポット的にライトを当てれば、とても美しいコケの姿を楽しめる。このようにやや大きめの容器を使用すれば、複数のコケの寄せ植えも可能。

とても可愛らしい「コツボゴケ」を使用したボトル。園芸ショップはもちろん、ちょっと変わったコケを販売しているアクアリウムショップにも足を運んでみよう。(P36〜37で紹介)

最初にインテリアありきでボトルを探すこともアリ。雑貨屋などで可愛いボトルを探すのも楽しいものだ。

複数の小型の苔ボトルを組み合わせて飾るテクニックもある。もちろん苔ボトルのセレクトは自分の好みでOK。

ホソバオキナゴケのような小型のコケは、苔ボトル作成に最適。絨毯のように成長し美しいので、単体での鑑賞はもちろんレイアウトのワンポイントとしても重宝する。(P60で紹介)

女性や子供の部屋には、写真のように色彩が鮮やかで可愛らしい苔ボトルを飾るのも手。パワーストーンであるピンクトルマリンを使えば、恋愛運もアップ？（P68で紹介）。

じっくり近づいて鑑賞してみれば、オオカサゴケの存在感・生命感もピンクトルマリンの迫力にまったく負けていないのだ。

吊るして楽しむ苔ボトル

さらにスペースが限られている方にピッタリなのが、「吊るす」スタイルの苔ボトル。複数の苔ボトルを組み合わせることも可能ですし、空中に緑が浮遊する不思議な感覚も楽しめます。

最近では使い勝手のよい球形の容器も多く見かけるようになった。ここではアラハシラガゴケとムチゴケを使用した。(P44〜45で紹介)

写真のように小さな窓がある場所なら、光の状態もいいはず。玄関先に複数のボトルを吊るすのもお勧めする。

011

苔ボトル
育てる 楽しむ 癒しのコケ図鑑
CONTENTS

Moss in the bottle

[巻頭]
ようこそ、「苔ボトル」の世界へ――
- 机上で楽しむ苔ボトル ……………………… 004
- インテリアで楽しむ苔ボトル ……………… 006
- 吊るして楽しむ苔ボトル …………………… 011

第1章
コケの生態と育て方
- ①コケとはなにか ……………………………… 014
- ②ボトルアクアリウムとの違いとは？ …… 016
- ③コケの入手方法と注意 ……………………… 018
- ④苔ボトルを作成する容器の種類とお手入れ …… 020
- ⑤苔ボトルの管理方法 ………………………… 022
- ⑥季節で変える苔ボトルの置き場所 ………… 028
- ⑦容器の中でも胞子で殖えるコケの仲間 …… 029
- ⑧コケの自生地での様子 ……………………… 030
- ⑨水中に自生するコケ ………………………… 032
- （コラム）苔玉の楽しみ方 …………………… 034

第2章
苔ボトルの作り方と苔ボトルカタログ
- セッティング① ………………………………… 036
- セッティング② ………………………………… 038
- セッティング③ ………………………………… 040
- セッティング④ ………………………………… 042
- セッティング⑤ ………………………………… 044
- セッティング⑥ ………………………………… 046
- 苔ボトルカタログ 25 ………………………… 048
- （コラム）アクアテラリウムの楽しみ方 …… 073

第3章
日本に自生するコケ図鑑
- スナゴケ ………………………………………… 075
- ギンゴケ ………………………………………… 076
- ハイゴケ ………………………………………… 077
- ホソバオキナゴケ ……………………………… 078
- アラハシラガゴケ ……………………………… 079
- タマゴケ ………………………………………… 080
- オオシッポゴケ ………………………………… 081
- カモジゴケ ……………………………………… 082
- ウマスギゴケ …………………………………… 083
- ヒノキゴケ ……………………………………… 084
- ホソバミズゴケ ………………………………… 085
- トヤマシノブゴケ ……………………………… 086
- ヒメシノブゴケ ………………………………… 087
- エダツヤゴケ …………………………………… 088
- ホウオウゴケ …………………………………… 089
- トサカホウオウゴケ …………………………… 090
- ヒメホウオウゴケ ……………………………… 091
- ムチゴケ ………………………………………… 092
- ナミガタタチゴケ ……………………………… 093
- ツボゴケ ………………………………………… 094
- コツボゴケ ……………………………………… 095
- ツルチョウチンゴケ …………………………… 096
- ムツデチョウチンゴケ ………………………… 097
- オオカサゴケ …………………………………… 098
- コウヤノマンネングサ ………………………… 099
- フジノマンネングサ …………………………… 100
- キブリナギゴケ ………………………………… 101
- ダチョウゴケ …………………………………… 102
- ミズシダゴケ …………………………………… 103
- ネズミノオゴケ ………………………………… 104
- カマサワゴケ …………………………………… 105
- クジャクゴケ …………………………………… 106
- ホソウリゴケ …………………………………… 107
- ゼニゴケ ………………………………………… 108
- ジャゴケ ………………………………………… 109
- ヤナギゴケ ……………………………………… 110
- カワゴケ ………………………………………… 111

協力／モスプラン
　　　ヒロセペット 谷津店
　　　GEX
　　　B-BOX アクアリウム
　　　東京サンマリン
　　　藤川清（アイテム）
　　　水谷彰人
　　　明田川家の皆さん

● 012

第1章
コケの生態と育て方

苔ボトルを作る上で大切なのが、コケの生態について学ぶこと。
ジメジメした所で繁殖するというイメージが強いですが、
乾いた場所が好きな種もいるし、ある程度日光が必要な種もいます。
コケの生態と正しい育て方を学んで、長期間楽しめる「苔ボトル」を育てましょう。

1 コケとはなにか

●日本は世界有数のコケ大国

　英名では「Moss」と表記され、日本の漢字では「苔」と書かれるコケ。

　地球上で最も古い植物として知られる蘚苔（せんたい）類は、蘚類、苔類、ツノゴケ類の3種に分かれて、様々な色彩や大きさ、形状に変化しながら進化を遂げてきた神秘の植物であり、世界中のありとあらゆる場所に根付き様々な環境で生活する種類豊富な大家族です（現在はツノゴケ類を蘚苔類に含めないという説が有力）。

　また、通常「コケ」と呼ぶ場合、蘚苔類にプラスして、地衣類（構造的には蘚苔類とは全く異なる、菌類と藻類の共生生物。「ウメノキゴケ」のように名前にコケが付く種類が多い）も含めるのが一般的です。

　その太古の昔から生き延びてきた蘚苔類の中でも、特に世界的にも種類数が多いのが蘚類、苔類で知られているコケの仲間です。今や世界中で2万種以上が確認されていて、我が国日本も、南方・八重山諸島から北方・北海道までに約2000種類ものコケが自生するという、まさにコケ大国であることが世界的にも知られています。

　筆者も今までに、日本各地の自生地に出向き様々な種類のコケを見てきたほか、海外でも東南アジア各国や、南米大陸のジャングルなどで多種多様で魅力的なコケの仲間を見てきましたが、自生している場所を見てきて、湿度を好む種類と、薄暗い環境を好む種類が多いと感じてきました。

　コケが見られる場所は「ジメジメした環境」や、「湿度の高い環境」に多いというイメージがありがちですが、実は意外にも乾燥した環境にも多く自生しています。

　もちろん自然豊かな山や、森林地帯、渓流域のような湿度の高い場所の方がコケ類は種類が多く自生していますが、緑の少ない都会の中でも環境に適した種類のコケ類が人目に触れずにひっそりと暮らしている姿を見ます。

　コケは陰性植物とも呼ばれ、一日中陽が当たっている場所をあまり好まないので、適度に陽が差し込む薄暗い環境が大好きです。また、植物は植物でも花を咲かせない植物なので、繁殖は胞子で殖える特殊な植物です。

　園芸店に行くとよく目にする「苔玉」は、コケが主役の園芸であり、コケの育成を楽しみながら他の植物も楽しめる方法で、古くは江戸時代の頃から、コケは盆栽などでも脇役として無くてはならない存在でした。

コケの仲間

※ここでは一般的に「コケ」と呼ばれるコケとして蘚類、苔類、地衣類を紹介しています。

蘚類（せんるい）

コケのなかで一番仲間が多いのがこの蘚類で、世界中で約1万種、日本でも約1000種が分布している。苔類とは異なり、葉に中肋（ちゅうろく）と呼ばれる主脈状の細胞群がある。寿命も長く、比較的育てやすいコケといえるはずだ。代表的な種としてはスギゴケ（写真はスギゴケの一種）、ミズゴケなどを挙げることが出来る。

苔類（たいるい）

コケのなかで蘚類と並ぶ大きな一群であるのがこの蘚類。代表的な種にはゼニゴケ（写真）やジャゴケがある。この2種は茎と葉の区別がなく、匍匐する葉状体なのだが、他の苔類のほとんどが蘚類と同じ茎葉体（双子葉植物の茎と葉を小さくしたような形）である。蘚類とは、葉が大きく裂ける、中肋が無いなどの違いがあるが、例外も多く区別は難しい。

地衣類（ちいるい）

菌類と藻類の中間的な存在が地衣類。樹木などに張り付いている姿はコケそのもので、名前も「○○ゴケ」というものが多いのだが、構造的にはコケとは全く違う種類。しかし一般的には「コケ」とされることが多いので、本書ではコケの仲間とした。ハナゴケ（写真はハナゴケの一種）や、食用にもされるイワタケが代表的な種といえる。

2 ボトルアクアリウムとの違いとは？

●苔ボトルの方が手軽？

　近年、観賞魚飼育の世界に登場した、小型容器で水草や流木、石をアレンジしながら容器の中に小さな生態系を再現して魚を飼育するという「ボトルアクアリウム」（ボトルアクアとも呼ぶ）が流行しています。

　ボトルアクアリウムは、低予算で作れる、簡単に作れるということで、容器や水草、熱帯魚をセットにした商品も発売されていますが、苔ボトルとの大きな違いは、苔ボトルは水をほとんど使用しなくても、小型容器内でコケの長期育成が可能なことです。さらに基本的には生物を入れないので、コケのみで「侘び寂び」を楽しめることも大きな違いになります。

　両者どちらとも手軽に作れて、なおかつ置き場所を選ばないという点が、インテリア性の高い置物として人気に繋がっているのです。

小さな容器の中に生態系を再現するのがボトルアクアリウム（写真）。水や魚を使用しない分、苔ボトルの方が手軽なのかもしれない。

●コケを使うメリット

　コケの仲間は、草体が小さい種類が多く、塊もしくはマット状になりながら成長していく種類がほとんどです。小さな葉を密生させて美しい絨毯を形成するのも、コケの大きな特徴です。

　昔から日本人の心として、「和」を連想させる植物としても、コケはなくてはならない植物で、一番に思い浮かべるのが有名な京都の苔庭園です。「和」を見て心が和むのが日本人の発想であり、身近に「侘び寂び」を感じたいと思うのも日本固有の発想です。

　ボトルアクアリウムも魅力的ですが、コケを育成することによって、よりシンプルに「和」の癒し感を最大限に感じることができるのが、コケを使用する大きなメリットといえるでしょう。

写真上は京都・祇王寺の苔庭。写真左は京都・三千院の苔庭にある、苔のむした「わらべ地蔵」（共に写真提供：kyoto-design.jp）。どちらもまさに「日本人の心のふるさと」といえる風景で、この「侘び寂び」を、小サイズで身近に置いて感じ取れるところが、苔ボトルの大きな魅力なのだ。

Moss in the bottle

3 苔の入手方法と注意

●園芸店でも自然からでも入手はできるが…

基本的にコケを入手する場合、山野草に力を入れている園芸店などでは、種類別のコケが透明パックに入れられて販売されている商品を購入するという方法があります。しかし園芸店で扱われるコケの種類は、4～5種類というのが一般的です。園芸店でよく売られている種類は、基本的にポピュラーな種類が多く、「使いやすい」、「育てやすい」種類が多いのが特徴です。

また最近では、インターネットなどでコケを専門に取り扱う通販専門店なども多くなってきました。こちらではポピュラーな種以外にも多くの種類が販売され、育てやすいコケを連携させた三種混合のコケセットや、コケの種まで販売されています。基本的には園芸業者向けの商品が多いのですが、初心者向けの「育成お試しセット」や「苔玉セット」、さらには育成に必要な培養土、各種コケポットなど周辺商品も多く販売されています。もちろん自宅まで購入したコケを送ってもらえるし、園芸店に足を伸ばす必要もないので非常に便利です。一度チェックしてみてはいかがでしょうか。

一般的に販売されていない種類を使う場合は、街中で見かけた種類を採集して使うか、山奥に出向いて、自然のフィールドで自分自身がコケを探しながら採集するという方法があります。基本的には、販売されている物との大きな違いは、自然界での草体であるということ。小さなクモや、アリ、ミミズなどの生き物が混入してしまうこともありますし、自然界では様々なカビ菌も付着しているので、後に容器で使用した時に容器内で小型の生物や、カビが発生してしまうことがあります。

自然界での採集で一番気を付けなければならないのは、世界遺産や、国定公園内での採集は禁止されていること。注意しながら採集することを心掛けてください。

自然界で採集してきたコケを容器で使う場合は、すぐに容器に使用せずに一旦、発泡スチロールなどの別容器に1週間ほど寝かせましょう。ある程度の生物がコケの塊から出てきてから使うか、園芸店、もしくはホームセンターなどで販売されている植物対応の害虫除け剤を使用してから、容器に入れた方が安心してコケ育成が楽しめます。また、近年では水槽を使った陸地と水中が同時に楽しめる「アクアテラリウム」という技法の中で陸地の水辺等にコケ類が使われるため、アクアリウムショップでも透明パックに入った状態のコケが販売されています。

コケは園芸店や写真のようなアクアリウムショップ、インターネットなどでも販売している。価格は数百円からあるし、一式そろった栽培キットなどもある。

コケは大体が上写真のような透明のパックに入れられて販売している。

写真のような典型的な「公園のコケ」を採取して育てることも可能。ただし、取りすぎて環境を害しないように注意。ミミズなど小さな生物が入り込んでいる可能性も高く、カビ菌が付着していることも多いので、一週間程度寝かせることが必要だ。

4 苔ボトルを作成する容器の種類とお手入れ

● 100円ショップで売っている物で十分楽しめる

　コケを楽しむ容器は、中に入れるコケの量と置き場所によって、大きさや形、素材等を選ぶようにしましょう。市販されている様々な容器は、主にガラス容器とアクリル容器があり、手軽に入手できるのがガラス容器です。最近では、100円ショップや、インテリア雑貨店でもお洒落な容器が手頃な価格で販売されているので、入手しやすくなりました。

　容器を選ぶ際のポイントは、見た目も大切ですが、中で育てるコケの育成のことを考慮すると、適度な光量を当ててあげなければならないので、基本的には容器全体が透明度のある物を選ぶようにします。容器全体に色が付いている物は、育成に必要な光合成の妨げになるため、出来るだけ透明の容器を選びましょう。

　価格帯で見ると、ガラス容器に比べるとアクリル素材の方が高いことが多いです。しかしその分、アクリル素材特有の形状が作れるので、ガラス容器では価格的に高価になってしまうような特殊な形状が、アクリル素材であれば手頃な価格で入手できるというメリットがあります。また、インテリアとして見る場合ではアクリル素材で出来た容器は、ガラス素材に比べ軽量なので移動も簡単に行えます。

　ただし、アクリル容器は取扱いに注意しないと傷が付きやすいということと、長期で紫外線に当てることで劣化が進みやすくなり、容器が多少変形する場合がある反面、割れにくいということが挙げられます。アクリル容器を洗浄する際には、粗目の食器用スポンジなどで洗ってしまうと傷が付きやすくなり、中身が見えなくなってしまうので、外側や内側を洗浄する時には市販のメラミンスポンジを使用すると傷が付きにくくなるのでお勧めできます。

　洗浄などの注意点に関しては、ガラス容器もアクリル容器も同じ扱いで問題ないですが、ガラス容器は、ちょっとしたことで欠けたり、割れたりすることがあるので、細心の注意を払いながら管理するようにしてください。

　ハードの部分である容器の種類は、あくまでも自分の美的センスで選ぶというのが楽しみのひとつですが、中に入れるソフトの部分であるコケの種類や量で、容器の大きさや、形状を吟味しながら選びましょう。ガラス容器では、フタが付いている物と付いていない物が販売されていますが、湿度管理のことを考えるとフタがあったほうが育成には向きます。フタが付いていない容器も数多く販売されているので、フタが無い場合はサランラップ等の透明シートを活用するか、ホームセンターの資材売り場で販売されているアクリル板を加工した物を、容器入口に合わせてカットして、フタにするとよいでしょう。

　コケは基本的に匍匐しながら底面を這う種類と、上に向かって直立する種類があるので、レイアウト配置する種類により底面の広い容器と、縦長の容器を選ぶようにしましょう。最近では、選ぶのに困るほどの様々な形や、デザインの容器が販売されているので、置き場所や、予算と相談しなが

ら購入できます。ガラス容器の専門店や、アクリル容器の専門店も数多くあるので、実際に専門に扱うショップに足を運んでみると目移りしそうなほどの容器に出会えることもあるほか、ネットショップでも様々な容器が紹介されているので選択肢は非常に広いです。

苔ボトル作成にオススメのガラス容器

高さ10cmの小型容器
1種類のコケを育てるのに向いている。場所を取らないので机上に飾るのがオススメ。

直径20cmのフタ無し丸形容器
丸形の容器は見た目もオシャレで植物系には人気。コケの寄せ植え向き。

直径30cmの円筒形容器
大きさもあるので扱いやすく人気。何種か寄せ植えしたり石を使って苔庭を再現できる。

高さ5cmのコルクのフタ付き小型容器
育成が簡単なコケを使用する。コルクのフタでオシャレな雰囲気に。

直径20cm×高さ25cmの大型容器
高さがあるので上に向かって生育するコケにオススメ。匍匐型、直立型等、複数の寄せ植えが可能。

球体の吊るし型容器
インテリア雑貨店などでよく見る吊るし型容器。コケの浮遊感を楽しめる。

5 苔ボトルの管理方法

●「極力動かさない」ことが一番の管理

　ボトルアクアリウムでは中に入っている生体（魚や水草）から出る排泄物や、容器の内側に付着する珪藻類（茶色いコケ）が発生してしまうため、こまめなメンテナンスを行わなければなりません。しかしコケをセットした容器での管理は、こまめなメンテナンスもほとんど行わなくても簡単に維持管理ができます。コケを容器の中で育てる場合、1度セットしたら極力動かさないことが重要なポイントになります。短時間のうちに移動を繰り返したり根付いている草体を剥がしてしまうと、草体にダメージを与えてしまい、ある部分から局所的に枯れてしまうこともあるので、1回セットアップしたら後はじっくり観察しながら育てていきましょう。

　コケを育てる上で、「ウエット＆ドライ方式」という自然界での生活圏が知られています。コケ自体は、常に湿った状態で生き生きと葉を広げて成長しますが、乾燥期が長く続くことで成長が止まり休眠状態となってしまいます。コケはある程度の湿度が無ければ育てることができないので、コケを見て乾いてきたら、霧吹きを使って容器内に水分を与えてあげることが大切です。コケはカラカラに乾いてしまっても、1週間程度であれば霧吹きすることで青々とした草体に戻ることができます。ただし、乾燥した状態で半年近く放置した場合は復活しないのでご注意を！

　容器内に霧吹きをすることで、容器の内側に栄養分から出る汚れや、水道水に含まれるカルシウム分が付着することがあるので、見た目に汚れが目立ってきたら市販のキッチンペーパーや、メラミンスポンジを使って汚れを落としてください。

たとえコケがカラカラに乾いても、一週間程度なら水を与えれば復活する。

容器内の汚れは写真のようにキッチンペーパーなどで取り除こう。

●照明の活用方法

　生きているすべての生物、動植物が必要とする太陽の光は、成長を促進するうえで無くてはならない命の源であり、光源が無くなってしまったら地球上のすべての「生き物」が死滅してしまうため、光は非常に重要なものになります。特に、どんな植物体でも葉や、茎、根などが光を浴びることで光合成を行いながら成長するので、光は必ず必要になるのです。コケの仲間は、直射日光が1日中当たる場所を嫌がる植物なので、自然界では湿度が吸収できる半日陰もしくは日陰を好んで自生する「陰性植物」です。

　小型の容器でコケを育てる場合も、光が無ければ草体の色合いが悪化してしまったり、枯れてしまったりするので、室内でコケの育成を楽しむ時には、薄明るい陽の光や、照明器具が必要になります。

　基本的には、部屋での置き場所も考慮しなければなりませんが、昼間の明るい時間帯は窓辺に近い場所に置き適度な光を当ててあげれば、問題なく成長させて維持できます。

　前述した通り、1日中太陽の光が容器に当たる場所に置いてしまうと、容器内が蒸れを起こしてしまったり、容器内の温度が上昇してしまいコケが枯れてしまうので、直射日光が直接当たる場所は設置を避けてください。

　昼間は薄暗い室内でも十分育てることが出来ますが、暗くなった時間帯の観賞では一般的に販売されている「スポットライト型」の照明で美しく観賞できます。また近年、普及している「LED照明」も効果的に使用できるので、自分のお気に入りの形状をしたランプを使って暗い部屋でのコケ観賞が楽しめます。

　照明といっても様々な色合いの照明色が販売されていますが、コケの緑を引き立たせるほか、育成にも使える色合いは白色ランプ、もしくは白色系のLEDランプがお勧めです。

　照明に使用する明るさは、容器の大きさにもよりますが、拳大ほどの容器で5W程度、高さ20cmほどの容器では10Wが目安になります。注意点としては、照明器具を容器に近づけて光を当てることで内部に照明熱がこもり、コケが枯れてしまうことがあるので、照明を当てる場合は、容器から30cm程度離して設置するようにしましょう。

夜間は写真のような白色系のLEDランプを使うのがオススメ。色はコケの緑を引き立たせる白色が最適。

●容器内の湿度

密閉性の高い容器では、霧吹きを2〜3回程度行えば長期でも湿度が保てるので問題無いですが、フタの無い容器で楽しむ場合、1回の霧吹きでは1時間以内で容器内が乾燥してしまいコケも乾燥してしまいます。この問題を回避するには、フタの無い分、底床土壌に容器底全体の80%ほどの水分を吸わせてあげることで、水分が適度に蒸発しながらコケに湿度を与えるという方法があります。コケの種類によっては、湿度100%の環境でも生き生き育つ種類が多いので、そのような種を選びながら容器の種類も選ぶようにしましょう。

写真のハイゴケやヤナギゴケなどは湿度100%の環境でも元気に育つので、フタの無い容器で育てる場合はたっぷり水分を与えてよい。

●容器内の空気の対流

自然界でのコケは、適度な「風の流れ」を感じながら空気中の二酸化炭素を吸収して光合成を行いながらゆっくりと成長しています。このため、容器に入れたコケにも新鮮な空気を取り込んであげなければなりません。ガラス容器、特にシリコンパッキンが付いている密閉型の容器では、締めきった状態であれば容器内から空気の出入りは無くなってしまうので、1週間に2回ほどフタを開けて新鮮な空気の入れ替えを行うことが、美しいコケを育てる重要なポイントになります。

この時、軽く息を吹きかけてあげることで適度な二酸化炭素も供給できます。また、午前中にフタを開けて、夕方にフタを閉めるというサイクルが可能であればこの方法もお勧めできます。

写真のようなパッキン付き密閉容器は、1週間に2回ほどフタを開けて空気の入れ替えを行う。

●容器内のカビ発生

　カビの菌はご存知のように様々な場所に浮遊しながら、コケ類と同じく湿度のある場所を好み付着して増殖します。コケを楽しむ容器内にも侵入してしまい、コケの草体や湿った土壌から綿のようなカビが発生することがあります。現在流通するコケ類の多くは、自然界で採集された物と、専用の農場で増殖された物とがあり、農場で作られたコケでも自然環境と変わらない環境育成のため、自然界に存在しているカビ菌が付着している可能性は高いので、どちらにせよ容器に入れたことによりカビが発生することがあります。

　この場合の処置としては、一旦すべての中身を取り出して容器の中に入っていた物を流水できれいに洗い流すという作業が大切になりますが、洗い流す時に少しでもカビや、菌が残っている場合、再度カビが発生してしまうことがあるので、細かく洗浄しなければなりません。土壌に関してはすべて交換したほうが後々安心なので、思い切って交換することをお勧めします。

コケの土台にしていた木にカビが生えてしまった例。こうなるとコケ本体にカビ菌が付着している可能性があるので、容器内全ての物を洗い流す必要がある。

●コケのトリミング

　容器の中の環境がよいとコケは繁茂しながら成長します。時には容器からはみ出すほど成長することがあります。最初にセットアップした時とは全く違う景観になってしまうので、伸び過ぎてきたら適度なトリミング作業が必要になってきます。園芸業界では選定とも呼ばれているトリミングは、コケの伸び方を見て判断しながら容器の深さに合わせた大きさのハサミを用いてカットするようにします。トリミングの方法は、コケの成長点である新芽をカットして元の草体を残す方法でトリミングします。

　これは、元の株を残すことで再度、新たな新芽が展開するので同じ草体を繰り返し育てられると同時に、容器内の環境に合ったコケの草姿や色彩も、長期で楽しむことができます。直立型の種類をトリミングする場合は、1度容器から草体を取り外し、下部の古い株をカットして、葉先部（新葉）をピンセットで植え直すようにします。

伸びすぎた新芽はハサミでカットしよう。

葉先部はピンセットで植え直す。

●コケを育てる時に必要な土壌

　容器などでコケを育てる場合、必要不可欠になるのが栄養分を吸収させるための土壌となる「床材」です。基本的には、自然界でコケがどのような場所を好み、生活しているかで使用する床材も変わってきますが、多くのコケの仲間が好んで生活しているのが「腐葉土」や「樹皮」の上です。また、種類によっては石灰質の石の上などを好むコケもあります。

　今回、容器内でも多く使用したのが「樹皮培養土」という、クヌギやヒノキの樹皮を特殊加工した床材で、コケの好む中性の土壌となるので、ほとんどのコケの育成に向き、保水性にも優れているので、1度湿らせておけば長期に渡ってコケに水分の潤いを与える土壌が出来ます。

　一般的に入手しやすく扱いやすい床材としては、園芸店やホームセンターで普通に販売されている「腐葉土」もお勧めできます。また、最近では粒状に加工された培養土も多く販売されているので、中性から弱酸性の「粒状培養土」を使用しても問題なく美しく育てることができます。

　容器の中に入れるレイアウトアイテムとして使う石や岩、流木などにコケを着生させる時に使うのが「ケト土」であり、粘り気のあるケト土を接着剤代わりに使うと着生させる時に便利で使いやすく、他の培養土と混ぜ合わせて使用することで、コケの育成にはお勧めの土壌となります。

●土壌の入れ替え

　使用する底床にもよりますが、小型容器の場合、1年未満で土壌の劣化が進み、腐敗してしまうこともあるので、できれば半年以上1年未満のペースで土壌の交換を行うようにしたほうがよいでしょう。

　土壌が古くなるにつれてコケの育成にも支障をきたし、土壌から栄養分が取れなくなり枯れることもあるので、コケを観察して異変に気づいたら土壌の交換を行ってください。基本的に最もよい土壌の環境は、少し湿った状態です。容器底に水が溜まった状態であれば、スポイトで吸い出して多めの水分を取り除いてください。

これは観賞魚用水槽の底砂として使われることが最近増えた「溶岩砂」。もちろんコケ栽培の床材としても使えるし、色が黒なのでコケの緑も映える。

苔ボトル作成で一番使ったのが、この「樹皮培養土」。あらかじめ霧吹きで湿らせておこう。

これはソイルと呼ばれる土を焼き固めて作られた床材。水槽などの底床に使われていたが、最近では植物にもよく使われるようになった。

このソイルの色は茶系。ボトルやコケの色に合わせて左の黒系ソイルと使い分けたい。黒系の方がコケの緑との対比がはっきり出る。

6 季節で変える苔ボトルの置き場所

● 直射日光が当たらない場所に置くのが必須だが…

　1年中室内で楽しめる小さな容器でのコケの観賞は、直射日光が当たる場所では容器内が結露して中が見えなくなってしまうほか、容器内で過剰に熱が加わり蒸れを起こしてしまい、コケが痛む原因にもなるので、直射日光が当たらない場所に置くことが鉄則になります。また、外気温にも容器内の温度が大きく左右されるので、季節によって置き場所を選ばなければなりません。

　例えば、秋口から冬場では室内でも気温が低下するため、できるだけ昼間の間は窓辺に近い場所や、常に人が居るような暖かい場所で管理してください。また、冬場は暖房の風が直接当たらない場所に設置することも大切です。春から夏場に掛けては室内温度も上昇するので、容器内の温度が比較的上がらない玄関先や、風通しのよい場所に置くようにしましょう。日本に自生しているコケの仲間は、涼しい場所を好む種類が多いので、容器で楽しむ場合もできるだけ涼しい場所に置くとよいです。

窓際に置く場合、直射日光が当たらないように注意。しかし冬場など寒い時期は、昼間は窓際に置くことも必要になることも。

写真のように周囲に遮蔽物がない風通しのいい場所も適しているが、台所で火を使うときは熱が加わらないように注意が必要になる。エアコンの下、パソコンの周辺など熱を持ちそうな所にも注意。

7 容器の中でも胞子で殖えるコケの仲間

●胞子を使って殖やすのもコケ育成の楽しみ

　コケの仲間は、植物でありながら花を作らず、種も形成しない特殊な植物です。花を咲かせないコケは、代わりに子孫を残す方法として胞子を出して殖えていきます。自然界では春先と冬場に胞子嚢と呼ばれる独特の形状をした胞子袋を多数形成して、ある環境（雨や風、気温など）が訪れると、親株の周囲に非常に細かい粒状の胞子を落下させながら殖えていきます。

　容器の中でコケを育成していると、1年に1回は胞子嚢を無数に付ける姿が確認できます。この胞子嚢は、種類によって大きさや、形、色合いも様々で、1つの塊から数十本、もしくは数百本伸ばして出来る胞子群の様子は、他の植物では見られないコケ植物の大きな特徴です。

　容器で楽しむ時に、親株から胞子が出ていた場合、そのままに放置しておくと親株の上に枯れた胞子嚢が付いてしまうので、あまりにも汚れが目立つ時は枯れた胞子嚢のみをカットして取り除くようにすれば親株の塊がいつまでも美しく保てます。ちなみに、胞子嚢をそのままに放置してしまうと、周囲や容器の内側に付着して発芽してしまいます。また、容器内の温度が高温になった場合では、親株と同時に胞子嚢の腐敗や、殖えた草体自体も枯れてしまうことがあるので温度管理には注意してください。

　胞子を使ったコケの増やし方は、「撒き苔法」というやり方で行い、容器のセット時に親株を使用せずに胞子のみで作り上げる方法も知られています。この方法は、最初から緑の美しいコケを使うのではなく、あらかじめ湿らせた土壌に枯れた胞子を細かく粉砕して撒いて発芽させるという方法なので、青々としたコケに仕上げるまでに1か月程度の時間が掛かります。しかし出来上がりでは、人間が作り上げられない自然感と成長感が同時に楽しむことが出来るのです。

　また、この「撒き苔法」では胞子を使用せずにコケ本体を乾燥させてから細かく粉砕した物を、土壌や岩などに撒いて新たな新芽を展開させて繁茂させるという方法もあります。コケの持っている生命力を直に感じられる「撒き苔」は、コケ植物ならではの繁殖方法です。

蘚類のヤナギゴケ。先端の朔（さく）の内部に胞子が入っている。

苔類のゼニゴケ。傘状の雌器床の裏に朔がぶら下がっている。

8 コケの自生地での様子

●コケにとってベストな環境は「渓流域」

　日本では、北海道のような寒い地域から、九州、沖縄のような暖かい地域までの自然に数多くのコケ植物が自生しています。特に、山間部などの湿度の高い林床や、渓流沿い、山あいに存在する谷場などの周辺では、自生する種類も豊富で、様々な特徴のコケが見られます。

　腐葉土や樹皮を好む種類は、根を下ろす場所から様々な栄養分を蓄積しながら育っている姿が見られますが、どの環境でも育つというものではなく、風通しの良し悪し、雨が降った時の濡れ方、霧が掛かる場所などを自ら選んで自生しているのが、自生地に足を運ぶと確認できます。壁面などに着生する種類は、基本的に石灰質分を好む種類が多いので、自然界で見ても道路沿いの壁面や岩盤などに多く見られます。

　自然界では、朝から夕方まで陽が当たる場所にもコケが自生していますが、雨が降らない限り乾燥したままの状態で1年のほとんどを過ごしているため、乾燥草体のまま成長も遅い状態で自生しています。常に湿度のある森の中では、生き生きとしたコケたちが成長しながら本来の姿で育っています。また、渓流沿いもしくは渓流域では、主に水辺にある岩上や、川岸周辺の砂の上、木々が生い茂る樹木の樹皮等に多くのコケが着生しながら自生している姿が確認できます。渓流はコケたちにとって最も恵まれた環境であり、雨が降らなくても常に必要な湿度が吸収できるので、山あいにある渓流域はコケ植物が多い好環境といえます。

　種類によっては、水飛沫が常に掛かるような場所に自生する種類も知られ、山奥の水が染み出る湧水の岩肌や、滝の周辺でも葉が水に濡れた状態で自生していますが、このような場所に自生する種類は、水に含まれるミネラル分や、水に溶け出した二酸化炭素なども空気中の栄養素と同時に吸収しながら成長しています。自然界では、山間部の緑多い場所に多いコケですが、乾燥地帯を好まない種類が多いので、基本的には都市部などの乾燥帯では自生する種類も少ないです。人の多く住む街中では、様々な汚れの原因が多く、湿度がほとんど無い場所が多いということで、コケが成長出来ないのが大きな理由です。

　これは、水はけのよいアスファルトが多く、雨が降っても水分が残らずに湿度に変わらないので、大きく成長出来ないというのと、そもそも水分を貯蓄する土の場所が少ないということも大きな原因になります。都市部でコケが自生する場所としては、住宅と住宅の間にある陽が当たらない風通しのよい場所や、室外機から出る水分の多い場所、公園の樹木周辺、人工池の周り、河川域等で確認することが出来ますが、種類としては4〜5種類程度にしか過ぎません。土があり、木が多くあり、川があり、山が無ければコケの育成環境が整わないということは、自然界でコケを見るとよく分かります。

群馬県の湧水地のコケ。このような渓流域がコケにとってベストな環境といえる。

長野県・山梨県の県境にある八ヶ岳山中のコケ。コケの群生地の下には湿地帯がある。

我々がよく見るのが公園の樹木の根元に群生するコケ。しかし都市部はコケにとって厳しい環境が多い。

9 水中に自生するコケ

●鑑賞価値が高く育成も簡単

　自然界で通常よく見られるコケの仲間は、ほとんどが陸生で生活していることが多い反面、種類によっては水中で育つコケも知られています。しかし、水中に自生している場所は全国的に見てもごく限られた場所が多く、そのほとんどが湧水を水源とする河川域であり、水の清らかな水中でしか確認されていません。今まで各地に存在する湧水河川を見てきましたが、水の流れや、水温、陽の当たり方などに大きく左右された成長の仕方が印象に残りました。

　水の流れが速い場所に自生している種類は、30cm以上1m未満と長く伸びた草体をたなびかせているのに対して、流れの緩やかな場所では、ほとんど伸長しないで自生する姿が見られます。また、水温は10℃以下で繁茂する場所もあれば、20℃弱の場所で美しい葉を展開している種類も確認してきました。陸上生活のコケでは、半日陰の場所を好む種類が多いのに対して、水中のコケが自生する環境では日差しを受けて光合成を行うので、直射日光が常に当たる場所に自生していることが多いです。

　水中育成が可能な種類は、陸生で知られる種類とは草姿も異なり独特の柔らかさがあり、このような環境に繁茂する水中のコケの仲間でも、手軽に容器での育成が出来ます。育成の容易な種類を選んでセットアップを行えば、長期での育成も出来るほか、観賞価値もあるのでお勧めできます。

　他にも、観賞魚飼育では水草レイアウトなどにも用いられている丈夫で美しい水生のコケの仲間は、アクアリウムショップでも普通に販売されているため、入手も容易です。小型容器にもお勧めなので、取り入れて作り上げても他とは違った雰囲気で育成できますし、長期で楽しむこともできます。

常に濡れているような場所や水中でも自生するアオハイゴケ。

水中で自生するコケの代表格ともいえるカワゴケ。川の流れにたなびく姿は非常に美しいが、自然界では湧水起源の流れのある河川域でしか生息できない。水質が悪くなるとすぐに枯れてしまう。

こちらも水生コケとして有名なヤナギゴケ。湧水を水源としている場所に多く見られるが、意外にも昔ボトルでも簡単に育成できる。カワゴケ同様、アクアリウムショップで販売している。

Column
苔玉の楽しみ方

　コケを使った盆栽として多くの人に親しまれているのが「苔玉」です。最近では、完成された苔玉が園芸店で販売され、本体に植えられている植物も様々な種類の植物が楽しまれています。苔玉という商品名通り、あくまでも球体状のコケがメインであり、コケを楽しむために生まれた育成方法で、使われるコケの種類もいろいろな種類が使用されますが、育成の容易な種類が中心です。

　一般的によく見られるのがハイゴケで作られた苔玉で、育成しやすく丈夫で使いやすいため多用されています。山野草を多く扱う専門店では、こだわりのコケの種類と、見た目に癒しを与える小型の山野草が使われることが多いですが、ホームセンターの園芸売り場で販売されている苔玉には、主にミニ観葉植物が多く使われています。

　苔玉は大きさも様々で、一般的に知られているサイズは野球のボールほどの大きさですが、中にはゴルフボールほどの大きさで作られる苔玉から、人の頭ほどの大きさで制作された見応えのある苔玉までいろいろなサイズの物があります。置き場所や飾る用途によって、大きさや種類を選べるのも楽しみのひとつです。

　最近では、簡単に作れる苔玉の制作キットまでが販売され、誰でも手軽に楽しく作れるので自分流で作った苔玉を飾りながら育成を楽しむ人も多いようです。

　苔玉の維持管理は非常に簡単で、球体の大きさに合わせた水鉢を活用して、薄く水を張ったところに置くことで、苔玉が水を吸いながら水分を補うという仕組みを長期維持できれば、コケと付帯の植物が成長していく美しい草姿を楽しめます。

　コケの種類も、よく知られるハイゴケ以外にもアラハシラガゴケや、ホソバオキナゴケ、ハリガネゴケなどを使って作られる苔玉も雰囲気が違って楽しめるので、手作りで作る時にコケの種類を変えてみても面白い苔玉が楽しめます。

下部の球体が苔玉。苔玉を土台にして別の植物を合わせてみた。

第2章
苔ボトルの作り方と苔ボトルカタログ

コケの生態、育て方を学んだ後は、いよいよ苔ボトルの具体的な作り方を学びましょう。初心者からすれば難しそうに感じるかもしれませんが、苔ボトルのセッティング例6パターンを、順を追って優しく解説していきますので大丈夫です。後半からは苔ボトルのカタログ25種を紹介しますので、自由にご自分でアレンジして楽しんでください。

セッティング ①
高さ10cmの小型ガラス容器で1種のコケをシンプルに楽しむ

用意するのは、樹皮培養土と育成が容易な「コツボゴケ」の直立型。容器の底面に厚さ2cm程度の培養土を敷き詰め、コケを配置する前に霧吹きで湿らせておきます。「コツボゴケ」は容器底の面積に合わせた大きさにカットして全面が隠れる程度に配置。最後の霧吹きは容器が小さいので2～3回を目安に噴射して、容器内側に付いた水滴を取り除いてからガラス蓋をして完成となります。

用意する物
コツボゴケ（直立型）、樹皮培養土、高さ10cmほどのガラス容器

1　樹皮培養土をスプーンなどを使用して入れる。

2　ボトルに土がつかないようにならしておく。

3　樹皮培養土の深さは3cm前後あれば十分だろう。

4　大きさを調整したコツボゴケを配置する。ピンセットなどを使用するとよい。

5　コケは成長するので、きっちりコケで埋めなくても大丈夫。

6　培養土全体に行き渡るように、しっかりと霧吹きをしておく。

7　跡などが残らないように、ボトルに付いた水滴をキッチンペーパーなどで拭き取る。

8　フタをすれば完成。もちろん週に数回程度の換気や水やりも必要。

セッティング ❷ 高さのある容器でコケ4種を寄せ植えして苔庭を再現!

高さのある容器でのセッティング方法。用意するのは、土台となる樹皮培養土。コケの種類は大型の「オオシッポゴケ」、脇芽で繁茂する「カモジゴケ」、絨毯のように匍匐する「コツボゴケ」、色鮮やかな「ヤノネゴケ」の4種類です。

　このレイアウトでは、飾りとなるアイテムは使用せずにコケだけで構成するので、土台となる培養土を厚さ5cmほど敷き詰めたら、背の高い「オオシッポゴケ」を後方にまとめて、その周りに背の低い種類を全体に配置していき、全体をコケで埋めるようにします。

　最後に霧吹きを4〜5回噴射して、容器内側に付いた水滴をきれいに拭き取ってから、ガラス蓋をして完成です。

用意する物

オオシッポゴケ・ネズミノオゴケ・カモジゴケ・コツボゴケ、樹皮培養土、直径20cm×高さ25cmほどのガラス容器

1 ボトルが大きいので、樹皮培養土は多めに入れる。

2 事前に霧吹きして樹皮培養土を適度に湿らせておく。

3 ボトルサイズに合わせて下準備をしたコケを使用する。

4 メインとなるオオシッポゴケを配置する。

5 残り3種のコケとのバランスを考えて最初のコケを配置する。

6 ネズミノオゴケをサイドに配置する。

7 手前にはコツボゴケを配置する。

8 このセッティングではワンポイントとしてカモジゴケを配置した。

9 コケ4種と全体のバランスを確認する。

10 最後には仕上げの霧吹きをしておこう。

11 水滴は水垢の原因になるので、事前にしっかりと拭いておく。

12 フタをして完成。透明のフタは光も届き、湿度も保てるのでコケの育成に適しているのだ。

セッティング ❸ フタのないオープン容器でダイナミックな寄せ植えを作る

直径20cmほどのフタのない丸いガラス容器を使って、立体感のあるコケの寄せ植えを作ります。丸型の容器は見た目にもお洒落で、植物を育てるのに人気のある形。用意する容器の大きさは、寄せ植えを考慮して最低でも15cm以上の物を用意したいところです。

　まずは丸いガラス容器にレイアウトの土台となる樹皮培養土を厚さ3cmほど敷き詰めます。レイアウトアイテムとなる溶岩石を大小バランスよく組み合わせ中央に配置し、全体のバランスを見ながらコケの置く場所を開けておきましょう。使用するコケは、「ヒノキゴケ」「タマゴケ」「ホソバオキナゴケ」の3種類。背丈のある「ヒノキゴケ」は後方に植え込み、中型種の「タマゴケ」と、小型のコロニーを形成する「ホソバオキナゴケ」は前面に配置すると立体感が生まれ、1種類の存在感がより強調されます。出来上がったら最後に霧吹きをして内側に付いた水滴を拭き取り完成です。フタがないオープン型なので、培養土とコケの湿り方を見ながら、霧吹きで水分を与えるようにしましょう。

用意する物
ヒノキゴケ・タマゴケ・ホソバオキナゴケ、樹皮培養土、溶岩石、直径20cmほどのフタのない丸いガラス容器

1 樹皮培養土を前もって湿らせておいてもよい。

2 大型の容器の場合は、樹皮培養土を一気に入れてしまっても問題はない。

3 完成図を想像しながら、バランスよい高さまで樹皮培養土を入れた状態。

4 このレイアウトのポイントとなる、溶岩石を配置していく。

5 コケ以外のアイテムも大切になるので、それぞれがバランスよくなるように配置していく。

6 やや大きいヒノキゴケは、後方に配置するとバランスがよくなる。

7 ヒノキゴケを配置した状態。とても存在感のある美しいコケだ。

8 次にタマゴケも配置する。出来ることならば、コケが乾かないようにこまめに霧吹きしたいところ。

9 最後にホソバオキナゴケを配置する。コケが土壌に馴染むまでは、フタとしてラップをしてもよい。

セッティング ④
小枝で自然の雰囲気を演出した大型円柱容器

市販されるガラス容器の中では扱いやすく人気のある円形型の容器は、直径30㎝ほどの大きいものを使うと見栄えのある苔庭が再現できます。用意するのは、観賞魚飼育で使用されるソイルと呼ばれる黒土を焼いて粒状にした土壌で、保水性や不純物の吸着に優れています。これを底床として厚さ4〜5㎝に敷き詰め、ソイルは全体的に濡れた状態にしてから底面を水で馴染ませます。

　コケは、コロニーが美しい「アラハシラガゴケ」や石に活着した「ヒメシノブゴケ」、直立型の美しい透明感のある葉が特徴の「ツルチョウチンゴケ」を使いました。このレイアウトでは、最初に各種のコケを配置して、コケで全体面を埋めずに所々に底床を残しながら、まばらにコケのコロニーを配置します。最後に、枝流木を円形の中心に差し込んで完成です。

用意する物
アラハシラガゴケ・ツルチョウチンゴケ・ヒメシノブゴケ、粒状培養土、枝流木、直径30㎝ほどの大型円柱容器

1　粒状培養土を入れる。このレイアウトではやや多めに使用している。

2　手前を低く、奥になるにつれて高くなるように、粒状培養土にやや角度をつける。

3　まずはヒメシノブゴケを配置する。

4　ツルチョウチンゴケは手前に配置していく。

5　奥にはアラハシラガゴケを配置していく。

6　セッティングの途中段階では、枝流木を差し込めるように、中心を空けて配置している。

7　枝流木を中心部分に差し込んでみる。

8　このセッティングの中心となる部分なので、枝流木はしっかりと配置するのが重要。

9　枝流木は、何本かに切って組み合わせると使用しやすいはずだ。

10　各アイテムのバランスを見て、最適な配置を探してみる。

11　製作途中でコケが乾かないように、途中の霧吹きも忘れずに。

12　霧吹きが終わって落ち着いた状態。

13　やはり、水垢防止のためにしっかりと水滴を拭くことは大切だ。

14　美しいレイアウトになったはず。枝流木があるだけで、自然の雰囲気を感じる苔ボトルになった。

セッティング ❺
吊るして魅せる 球体型のコケ演出

近年、インテリア雑貨店などで販売されるガラス容器の中で、吊るして楽しむというお洒落なガラス容器があり、コケや植物を観賞するのに適しているので、この形で簡単に作れるコケ容器をアレンジしました。

この球体容器には2つの小さな穴と1つの大きな穴が開いていて、大きな穴から土壌となる培養土を薄めに敷き、「アラハシラガゴケ」と、「ムチゴケ」をセッティングします。この時、指が入れられないので、培養土とコケを容器内に入れる時は、市販のピンセットを使うとよいでしょう。この場合、あらかじめ培養土を霧吹きで濡らしてからコケを乗せれば、完成時にコケに霧吹きしなくても容器内の湿度が十分に保たれます。

用意する物
アラハシラガゴケ・ムチゴケ、樹皮培養土、吊るし型ガラス容器

1 ガラスが割れないように、慎重に樹皮培養土を入れていく。

2 樹皮培養土は、事前に丁寧にならしておこう。

3 まずはアラハシラガゴケをゆっくり慎重に配置する。

4 一連の作業は、ピンセットなどを使用して、慎重に行っていくとよいだろう。

5 ムチゴケは手前に配置するのがお勧め。

6 レイアウトが終了した状態。浮遊感があって面白いコケの鑑賞を楽しめる。

7 光のあたる角度によってもイメージが変わるので、照明を当ててみるのもよいだろう。

8 サイドから見た図。コケの浮遊感と密集感、立体感も楽しめるのが球体ボトルの利点だ。

セッティング ❻ わずか5分で作れる カワイイ苔ボトル

高さ5cmほどのインテリアガラス容器で、簡単に苔ボトルが作れます。コルクのフタが付いている小さなガラス容器と樹皮培養土、小型容器でも育成が容易な「カモジゴケ」を使いましょう。

容器の底面に厚さ1cm程度の培養土を敷き、培養土が全体的に湿る程度に霧吹きします。

使用する「カモジゴケ」は、適量を培養土の上に乗せてから、さらに上から少量の培養土を撒いて、根元に土をまんべんなく固定したらコルクのフタをして完成です。

用意する物
カモジゴケ、樹皮培養土、小型ガラス容器

1 ビーカーのような小さな容器も、苔ボトルの容器として十分楽しめるのだ。

2 樹皮培養土を入れる際は、少しづつ入れていくのがコツ。

3 この小型ボトルなら、この程度の量で十分なはず。

4 大きさを合わせたカモジゴケを配置していく。

5 ちょうどよい大きさになった。ギュウギュウ詰めにならないように注意は必要だ。

6 最後に霧吹きをすれば終了。こんなに簡単に、わずか5分で苔ボトルが作成できた。

苔ボトルカタログ25

ここからは苔ボトルの作成例を25パターン紹介していきます。各種ボトルの形状・大きさ、植えるコケの種類等で様々なバリエーションを作成していますので、このカタログを参考に苔ボトルを作成してもいいですし、自分で自由にアレンジしても楽しめます。

ボトル ①
細長いガラス容器で育てる

使用したコケ／オオカサゴケ
土壌／溶岩砂

ボトル❷
高さ15cmのフタ付きガラス容器で3種の寄せ植えを楽しむ

使用したコケ／ハイゴケ、スナゴケ、ホソウリゴケ
土壌／樹皮培養土

ボトル ③
完全密閉型
ガラス容器を使用した
溶岩レイアウトで楽しむ

使用したコケ／タマゴケ、ホソバオキナゴケ
土壌／樹皮培養土

ボトル ❹
スナゴケの絨毯を楽しむ

使用したコケ／スナゴケ
土壌／溶岩砂＋川砂

ボトル ⑤
ホソバオキナゴケを円形容器で心ゆくまで楽しむ

使用したコケ／ホソバオキナゴケ
土壌／樹皮培養土

ボトル ❻
塩ビ樹脂の植物育成容器で日本庭園をレイアウト

使用したコケ／ヒノキゴケ、ハイゴケ、ハリガネゴケ
土壌／樹皮培養土

ボトル ❼
大型のコロニーと
コケの胞子が観賞できる

使用したコケ／オオシッポゴケ
土壌／樹皮培養土

ボトル❽
高山帯のコケを育ててみよう

使用したコケ／ダチョウゴケ

土壌／樹皮培養土

ボトル⑨
水生コケの陸生型を湿度100％の世界で育成する

使用したコケ／ヤナギゴケ

土壌／粒状培養土

ボトル ⑩
大きな岩に着生させて繁茂を楽しむ

使用したコケ／ヤノネゴケ
土壌／樹皮培養土

ボトル⑪
簡単に作れて長く楽しめる高さ15cmのガラス容器

使用したコケ／ホソバオキナゴケ
土壌／樹皮培養土

ボトル⑫
いろんな形の容器を並べて個々のコケの特徴を楽しむ

使用したコケ／左 コツボゴケ　中 ハリガネゴケ　右 ヒメハイゴケ
土壌／樹皮培養土

ボトル ⑬
薄型のガラス容器で
おもしろい演出ができる苔庭

使用したコケ／ホソバオキナゴケ
土壌／樹皮培養土＋ケト土

ボトル⑭
超小型ガラス容器3種でコケを楽しむ

使用したコケ／左ミズシダゴケ　中ネズミノオゴケ
右カモジゴケ

土壌／樹皮培養土

ボトル ⑮
ポピュラーな ガラス容器で 長期育成できる 種類を育てる

使用したコケ／カモジゴケ
土壌／樹皮培養土

ボトル⑯ 樹の丸太を加工した アイテムで自然感を演出

使用したコケ／ホソバオキナゴケ
土壌／粒状培養土

063

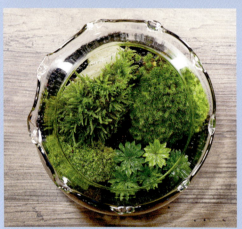

ボトル ⑰
金魚鉢に自然を盛り込んだレイアウト

使用したコケ／ミズシダゴケ、ホソバオキナゴケ、アラハシラガゴケ、オオカサゴケ
土壌／粒状培養土

ボトル⑱
器型の容器で
孔雀苔を観賞する

使用したコケ／クジャクゴケ

土壌／粒状培養土

ボトル ⑲
椰子の木の雰囲気を堪能できるコケを植栽

使用したコケ／コウヤノマンネングサ
土壌／粒状培養土

ボトル⑳
密閉型の大型円柱ガラス容器で多湿度育成を可能にする

使用したコケ／キブリナギゴケ
土壌／樹皮培養土

ボトル ㉑
ピンクのトルマリンで
マイナスイオンが味わえるレイアウト

使用したコケ／ハリガネゴケ、コウヤノマンネングサ、オオカサゴケ
土壌／樹皮培養土

ボトル ㉒
空気清浄に役立つ「菊目炭」を活用した苔庭

使用したコケ／ホソバオキナゴケ
土壌／粒状培養土

ボトル㉓
鳳凰の羽を育てながら大型ガラス容器でみずみずしさを体感する

使用したコケ／トサカホウオウゴケ、ホウオウゴケ
土壌／樹皮培養土

ボトル㉔
貴重な水中苔を手軽に楽しめる密閉型のガラス容器

使用したコケ／カワゴケ
底砂／ボルケーノサンド

ボトル ㉕
特殊な容器で育てる
水中葉のコケ

使用したコケ／ヤナギゴケ

土壌／大磯砂

Column
アクアテラリウムの楽しみ方

　自然界に存在する水辺を、限られた水槽という空間の中で再現して楽しむ技法では、一般的には「テラリウム」と「アクアテラリウム」の2種類の楽しみ方が知られています。

　「テラリウム」とは、陸地のみで形成されたレイアウトの技法で、陸上植物をメインに、コケや羊歯、観葉植物、山野草などを配植しながら、石や流木で飾り付けして楽しむ方法です。一方、「アクアテラリウム」では、水中と陸地を同時に楽しむ方法で、水中の水の揺らぎや、滝の流れ、水の音などを五感で味わいながら陸地で水上植物の育成を行うという、癒しが堪能できるレイアウト方法です。アクアテラリウムは、水中と陸地の割合が全体のバランスを大きく左右するので、基本的には水中3に対して陸地7という割合が全体のバランスが取れたレイアウトになりますが、この場合も自分好みのセンスや、水中で飼育する観賞魚や陸地に植える植物の種類によって割合を変えて楽しむことができます。

　アクアテラリウムは、観賞魚を販売する専門店で専用キットが販売され、水槽サイズも幅30cmの小型水槽から幅60cmのスタンダードなサイズの物まで販売されています。このキットを活用して、部屋で自然の一部を再現した「アクアテラリウムレイアウト」をインテリアとして楽しむのも、また違った雰囲気が味わえます。

　基本的な作り方は、水槽の底面に濾過用の底面式水中ポンプを敷き、そこに吸着性に優れた市販のソイル土を敷き詰めてから、テラリウムの土台となる岩や、流木を組み合わせながら陸地を完成させれば全体の基礎は出来上がり。陸地での滝や水の流れを、ポンプアップさせた水で流せば完成です。あとは自分好みに植物を植え付ければ、簡単に「アクアテラリウム」が作れます。水中部の観賞魚と水草、陸地での植物の茂みが同時に楽しめる「アクアテラリウム」は、水辺もしくは水際の雰囲気を存分に楽しめる癒しのレイアウトです。

観賞魚の販売店では、写真のような大型のアクアテラリウム一式作成キットも販売されている。

第3章
日本に自生する コケ図鑑

様々な大きさ、異なる形状、色彩も同じ緑色に見えるけど微妙に違いのある緑色。
日本には、地域や自生場所の環境によって種類が異なり、魅力あるコケの仲間は数多く確認されています。
ここでは比較的育てやすい種類と、草姿に特徴のある種類、
また長期維持に向いているコケ、全37種類を紹介していきます。

スナゴケ

● 砂苔

学名／Rhacomitrium canescens
生態分類／キボウシゴケ科 シモフリゴケ属
分布／日本全国、北半球の温帯域～亜寒帯域
自生環境／日向、湿った地上や岩上
育成難易度／易しい

山里の地面や、岩上などに自生する小型の種類で、通常は黄緑色のマットを形成しながら成長する。砂地もしくは砂上に自生しながら砂の栄養分を吸収して育つので、この和名が付けられた。水分の多い容器内では、黄緑色から濃い緑色に変わり、絨毯のように広がるので底面を埋める時などに使える。乾燥にも比較的に強い種類なので、フタのない容器でも活用しやすい。

ギンゴケ

●銀苔

学名／Bryum argenteum
生態分類／ハリガネゴケ科 ハリガネゴケ属
分布／日本全国、世界中（南極大陸にも生息）
自生環境／日向、コンクリートの上など都市の周辺
育成難易度／易しい

都市部などでも容易に見つけられるポピュラーな種類で乾燥にも強く、街中ではコンクリート壁の溝や、アスファルトの地面などで見つけることができる。山間部では石灰質の崖に丸い塊でコロニーを形成しながら、乾燥している姿を目にする。様々な用途で使える本種は、容器でも簡単に育てることが可能で、本種特有である銀白色の色合いが楽しめる。

ハイゴケ

●這苔

学名／	Hypnum plumaeforme
生態分類／	ハイゴケ科 ハイゴケ属
分布／	日本全国、シベリア・東アジア・東南アジア・ハワイなど
自生環境／	半日向、低地の土上、岩上
育成難易度／	易しい

各地に多く自生する最もポピュラーな種類で、園芸店でもパック売りされるほか、苔玉にも多く使われる種類。自然界では、湿度の高い場所に自生する「湿タイプ」と、乾燥地帯に自生する「乾タイプ」に分かれて生育しており、「湿タイプ」は色鮮やかで、三角形の美しい葉を広げながら這うようにして繁茂する。容器内では場所を選ばずに使用できるし、石や流木

ホソバオキナゴケ

●細葉翁苔

学名／Leucobryum neilgherrense
生態分類／シラガゴケ科 シラガゴケ属
分布／日本全国、東アジア・東南アジアなど
自生環境／半日陰、樹皮上または土上
育成難易度／易しい

山林の陽当たりのよい土上に、丸い塊でいくつものコロニーを形成しながら自生するシラガゴケ科の一種で、園芸店などでは「ヤマゴケ」という名前で普通に販売されている。古くから使いやすい種類として人気があり、育成も容易なことから容器内では美しく育てることができる。草体に厚みがあり、光が当たらない部分は白くなりながら水分を貯蓄する。新芽の展開が早いので、こまめなトリミングを行うようにしたい。

アラハシラガゴケ

● 粗葉白髪苔

学名／Leucobryum bowringii
生態分類／シラガゴケ科 シラガゴケ属
分布／北海道以外の全国、東アジア・東南アジアなど
自生環境／半日陰、土上
育成難易度／易しい

ホソバオキナゴケに近縁な種類で、山林の陽当たりのよい土上に厚みのある塊を形成しながらコロニーを作る。陽当たりがよく、湿度の低い場所では、全体的に葉がちぢれてしまい見栄えも悪くなるので、容器内では適度な湿度を与えて育てることで、青々とした独特の草姿が楽しめるほか、撒き苔としても使える。

タマゴケ

◉球苔

学名／ Bartramia pomiformis var elongate
生態分類／タマゴケ科 タマゴケ属
分布／日本全国、シベリア・東アジア・ヨーロッパ・北アメリカなど
自生環境／半日陰、岸壁
育成難易度／やや難しい

本体から胞子を出す時の胞子嚢の形が球のような形状なところから、この名前が付けられた。山間部に多く見られ、特に垂直の崖の土部に美しい丸い塊でいくつものコロニーを作りながら繁茂している。草体自体は非常に柔らかく、全体的に繊細な塊で育つ種類で、比較的に大型の容器で育てるのに向いている。暑さに弱いため夏場での置き場所は涼しい場所を選んであげたい。

オオシッポゴケ

● 大尻尾苔

学名／Dicranum nipponense
生態分類／シッポゴケ科 シッポゴケ属
分布／日本全国、北半球の温帯
自生環境／日向、土上
育成難易度／やや難しい

比較的に標高が高く、陽当たりのよい環境を好んで自生する大型の種類で、多くの湿度を欲しがるシッポゴケ科の仲間。根元から多くの新芽を形成して大きな面積の塊となるため、容器で育成する場合は、ある程度の高さと底の広さが必要になる。光量が弱いと全体的に葉が細くなってしまうので、室内で楽しむ場合は出来るだけ明るい場所を選んで置いた方がよい。

カモジゴケ

●髭文字苔

学名／Dicranum scoparium
生態分類／シッポゴケ科 シッポゴケ属
分布／日本全国、北半球
自生環境／日向、土上
育成難易度／易しい

山間部の林床に多く見られる小型の美しいコケで時折、岩の上や樹木の根元にも塊で見られる。自然界で見る草体は、色鮮やかな緑色をしていて容器の中でも一際、美しく繊細な葉を見せる。植え付けを行う場合は、ある程度の塊で草元を用土で固めることでしっかりと根付いてくれる。コケの寄せ植えに使用すると本種の存在感が強調されるほか、多湿度の容器内でも状態よく育ってくれる。

ウマスギゴケ

◉馬杉苔

学名／Polytrichum commune
生態分類／スギゴケ科スギゴケ属
分布／日本全土、北半球
自生環境／日向、土上、水際、時に水中
育成難易度／易しい

苔庭で多く使用される小型のスギゴケで、自然界では低地の山林から標高のある林床まで自生する。また、スギゴケの仲間の中では水辺を好むため、湧水河川や沼地の水中にも自生している。育成には細かい砂礫の物から、樹皮培養土まで幅広い土壌で育てられる。上に向かって育つため、高さのある容器での使用をお勧めする。

ヒノキゴケ

● 檜苔

学名／Rhizogonium dozyanum
生態分類／ヒノキゴケ科 ヒノキゴケ属
分布／北海道以外の日本全国、東アジア・インドネシアなど
自生環境／日向、土上または砂地
育成難易度／やや難しい

温暖な地域の林床や山間部に流れる渓流域の岸際の砂地に、深く根付いて自生する大型のヒノキゴケは、見た目にもインパクトのあるコケであり、美しいコケとしても知られる。葉は1本1本が非常に細かい。育成する時の用土は、培養土に細かい砂を混ぜて使用することで、根付きもよい。乾燥してしまうと、葉が半分以上に細くなってしまうので、湿度が十分に保てる容器で育てるようにしたい。

ホソバミズゴケ

●細葉水苔

学名／Sphagnum girgensohnii
生態分類／ミズゴケ科 ミズゴケ属
分布／日本全国、東アジア・ロシア・インド・ヨーロッパ・北アメリカ・ヨーロッパなど
自生環境／日向、水際の土上
育成難易度／易しい

標高のある林内や、常に周囲に水のある場所を好んで直立しながら自生するミズゴケ科の中型種。この仲間が園芸資材で乾燥水苔として販売されていることはよく知られていて、生きている草体は前述したような場所に足を運べば見ることができる。ミズゴケの仲間を容器内で育成すると、光量不足で間伸びしてしまうことがあるので、美しい草姿で楽しむ場合はフタなしの容器を使い、直射日光を当てて管理しなければ美しく育てることができない。

トヤマシノブゴケ

●富山忍苔

学名／Thuidium kanedae
生態分類／シノブゴケ科 シノブゴケ属
分布／日本全国、東アジアなど
自生環境／半日陰、土上または岩上
育成難易度／やや難しい

　三角形の草姿が特徴的なシノブゴケ科の本種は、自然自生地でも一際目を引く美しく育つ種類で、山間部の林道沿いの壁の上や、渓流沿いの大きな岩の上などに大きなマット状で育っている。日本では、多くのシノブゴケの仲間があり、全国的に普通に見られるほか、近年では園芸店や、コケを扱うお店でもシノブゴケの仲間が販売されている。基本的には這いながら新芽を伸ばすので、底面積はあらかじめ広く取った方がよい。

ヒメシノブゴケ

●姫忍苔

学名／Thuidium cymbifolium
生態分類／シノブゴケ科 シノブゴケ属
分布／日本全国、東アジア・東南アジアなど
自生環境／半日陰、湿った岩上
育成難易度／やや難しい

山間部に流れる湧水河川域や、渓流域の薄暗い環境の石の上を匍匐しながら活着している姿が印象的な、小型のシノブゴケの仲間。自然下でも容器内育成下でも湿度を好む種類なので、乾燥気味にならない程度に霧吹きでやや多湿を保つように心掛けたい。1回乾燥してしまうと、葉先が痛んでしまい色も黄色く変色してしまうので、乾燥には十分注意したい。匍匐型なので、底面積のある容器を用意したい。

エダツヤゴケ

◉枝艶苔

学名／Entodon rubicundus
生態分類／ツヤゴケ科 ツヤゴケ属
分布／日本全国、東アジア・インド・ブータン・ネパール・フィリピンなど
自生環境／日陰、湿った岩上
育成難易度／易しい

葉全体に光沢があり、枝のような草姿をしていることからこの和名が付けられた。山あいに流れる渓流域、もしくは沢沿いなどの大きな岩の上や、土上に大きなマットを広げながら匍匐する。三角形の葉は雨に濡れることでさらに光沢が現れ、光って見えることさえある。一般的には、ほとんど販売されていないため、本種を使用する時はフィールドで探すしか入手方法がない。

ホウオウゴケ

●鳳凰苔

学名／Fissidens nobilis
生態分類／ホウオウゴケ科 ホウオウゴケ属
分布／日本全国、東アジア・東南アジア・フィジーなど
自生環境／半日陰、湿った岩上や水が滴る岩上
育成難易度／易しい

水生のコケで知られるこの仲間は、多湿度の谷間の水の滴る沢や、渓流沿いの水辺に多く着生する、鳳凰の羽に似た美しい葉姿の大型苔の仲間。自然界で美しい姿が見られるのは梅雨の時期で、秋から冬の時期は葉全体の色が悪くなってしまう。容器内では、湿度管理さえ行えれば問題なく育てることができる。園芸店での購入は難しいため、アクアリウムショップで流通している物を購入するか、山間部の水辺で採集するしか入手方法がない。

トサカホウオウゴケ

● 鶏冠鳳凰苔

学名／Fissidens dubius
生態分類／ホウオウゴケ科 ホウオウゴケ属
分布／日本全国、東アジア・東南アジア・アフリカ・ヨーロッパ・北アメリカ・中央アメリカ
自生環境／半日陰、土上や岩上
育成難易度／易しい

湿度の高い森の中に見られる本種は、やや乾いた岩の上や、土上に自生する種類で、晴れた日ではほとんどが乾燥して葉を閉じている。他のホウオウゴケの仲間に比べて葉が細く、成長する季節には葉長が10cmを超えることもある。湿度のある容器内では、1年中美しい葉が観賞できる。販売はされていないため、自然採集するしか入手方法はない。

ヒメホウオウゴケ

●姫鳳凰苔

学名／Fissidens gymnogynus Besch
生態分類／ホウオウゴケ科 ホウオウゴケ属
分布／日本全国、東アジア・東南アジア・アフリカ・ヨーロッパ・北アメリカ・中央アメリカ
自生環境／日向、水の滴る岩上
育成難易度／易しい

フィシデンス属の仲間の中でも小型の部類に入る種類で、自然界では水の滴る場所に見られる比較的珍しいホウオウゴケ。5mm程度の葉を密に付けながら1つの塊になり、透けるような緑色の葉を展開する葉姿は非常に美しい。成長に関しては新芽展開が遅いので、じっくり育てて、石や流木に活着させて楽しむことができる。購入に関しては、アクアリウムショップで販売されている物がお勧めできる。

ムチゴケ

○鞭苔

学名／Bazzania pompeana
生態分類／ムチゴケ科　ムチゴケ属
分布／本州〜九州、東アジアなど
自生環境／半日陰、湿った岩上や樹幹など
育成難易度／易しい

二又に分岐しながら殖えていく独特の草姿の大型苔。渓流沿いの樹木の根元に多く自生するほか、濡れた腐葉土の上にも大きなマット状のコロニーを作る。容器内では、葉の裏側から沢山の根毛を出しながら分岐繁殖で匍匐する。色合いは、容器を置く環境によって濃緑色から、明るい緑色に変化する。

ナミガタタチゴケ

●波形立苔

学名／Atrichum undulatum
生態分類／スギゴケ科　タチゴケ属
分布／日本全国、ヨーロッパ・アフリカなど
自生環境／半日陰、水際の土上
育成難易度／易しい

自然下では、主に水辺で確認できる大型の美しい葉のタチゴケの仲間で、カールする葉は透明感があり、直立型で大きな塊を形成する。伸長する茎は、10cmを超えることもあるので、容器で楽しむ場合は高さのある容器を用意しなければならない。一度根付いてしまうと、次から次へと新葉を展開して繁茂する。

ツボゴケ

●坪苔

学名／Plagiomnium cuspidatum
生態分類／チョウチンゴケ科　ツルチョウチンゴケ属
分布／日本全国、中国・インド・ロシア・ヨーロッパ・アフリカ・北アメリカなど
自生環境／日陰、多湿度の土上または砂地
育成難易度／易しい

渓流沿いの砂地や、濡れた岩上に根を下ろし半透明の葉を広げる美しく特徴のある本種は、時期によって草姿を変える。通常目にする形は、匍匐茎が多く這いながら殖えていく。また、直立型で広葉の時期があり、写真の草姿は直立型の草体。どちらの形態でも簡単に育てることができるので、容器育成に向く種類といえる。

コツボゴケ

● 小坪苔

学名／Plagiomnium acutum
生態分類／チョウチンゴケ科　ツルチョウチンゴケ属
分布／日本全国、東アジア・インド・ロシア・ブータンなど
自生環境／日向、岩上または石灰質の岸壁
育成難易度／易しい

低地から高地まで幅広い自生地を持つ本種は、石灰質の岩上と山で見かける崖崩れ防止の人工壁を好み、多くの場所で石灰質の物体に厚みのあるマットで着生する姿が確認できる。基本的には、匍匐しながら成長して分岐で殖えていく。寒い季節には1本の葉が独立しながら直立型へと変化する。コケの取扱いがある園芸店や、コケを専門に扱うネットショップなどでは入手しやすい。

ツルチョウチンゴケ

●蔓提灯苔

学名／Plagiomnium maximoviczii
生態分類／チョウチンゴケ科　ツルチョウチンゴケ属
分布／日本全国、東アジア・インド・ロシアなど
自生環境／半日陰、土上
育成難易度／易しい

チョウチンゴケ科の本種は、林床の落ち葉の溜まる腐葉土に絨毯で広がりを見せる直立型で、半透明の葉は波形を形成しながら上に向かって伸びる。この種類は、ほとんど流通しないため、自生地に足を運びフィールドで採集するしか入手方法がない。容器での育成は樹皮培養土を使用することで容易に育てることができる。

ムツデチョウチンゴケ

●六出提灯苔

学名　Pseudobryum speciosum
生態分類／チョウチンゴケ科　ムツデチョウチンゴケ属
分布／日本全国、中国・インド・ロシア・ヨーロッパ・アフリカ・北アメリカなど
自生環境／日陰、土上または岩上
育成難易度／易しい

苔むす森の谷間や、渓流域の岩の上などに着生して、細長い半透明の葉を出しながら成長する大型のコケで、夏から秋にかけて直立型の葉姿に変わりながら胞子葉を作る。直立型の本種は、葉にウェーブがかかり、コケとは思えないほどの葉姿となる。容器内育成でも、草丈10cmを超えることもあるので、10cm以上の容器での育成をお勧めする。

オオカサゴケ

●大傘苔

学名／Rhodobryum giganteum
生態分類／ハリガネゴケ科　カサゴケ属
分布／北海道以外の日本全国、中国・ハワイ・南アフリカ・マダガスカルなど
自生環境／日向、水際の土上
育成難易度／やや難しい

コケの女王と呼ばれる大型の傘を持つ直立型の本種は、湧水を水源とする水辺の腐葉土帯や、山林の湿度の高い林床の地上に自生する美しい種類で、シノブゴケの仲間と共生していることが多い。1本の茎から伸びる先に緑傘を付け、根元から小株を形成する。自生地では、何本もの傘を広げながら絨毯を作る姿は見事な光景となる。容器内では、明るい場所で育成すると美しい草姿が楽しめる。

コウヤノマンネングサ

● 高野の万年草

学名／Climacium japonicum
生態分類／コウヤノマンネングサ科　コウヤノマンネングサ属
分布／日本全国、東アジア・ロシアなど
自生環境／半日陰、湿った土上
育成難易度／易しい

樹質の茎を持ち直立しながら先に大型の葉を付ける独特の草姿が人気の種類。自生地では、陽の当たる明るい渓流沿いなどの林床に立ち並ぶ姿が見られる。繁殖は、地下茎から新芽を伸ばして殖える。草体の丈が10㎝を超えることもあるため、容器での育成は高さのある容器を用意し、強い光量で育てることで大きな葉を形成する。

フジノマンネングサ

● 富士の万年草

学名／Pleuroziopsis ruthenica
生態分類／フジノマンネングサ科　フジノマンネングサ属
分布／北海道〜四国、東アジア・北アメリカなど
自生環境／半日陰、湿った土上
育成難易度／易しい

樹質の茎の先に細かい黄緑色の葉を持つコウヤノマンネングサの近縁種。日本では寒い地方の山間部や、標高のある林床に多く自生する。繁殖はコウヤノマンネングサ同様、地下茎から新芽を形成しながら美しい絨毯を作る。草丈は5cm程度が普通で、葉がかさばるので容器で楽しむ場合は広めの面積で楽しみたい。

キブリナギゴケ

学名／Eurhynchium arbuscula
生態分類／アオギヌゴケ科　キブリナギゴケ属
分布／本州〜九州、東アジアなど
自生環境／日向、湿った土上
育成難易度／やや難しい

葉が非常に細かいやや大型の種類で、株元か伸びる枝は樹質。自生地では、常に湿った沢沿いの落ち葉が蓄積するような場所に群生している。1本1本の葉が細かく分岐しながら広がる種類で、多湿を好むためフタ付きの容器で楽しむと美しい草姿が観賞できる。光量が少ないと葉の色合いが黄色くなってしまうことがあるので、できるだけ明るい場所で育成するように心掛けたい。

ダチョウゴケ

●駝鳥苔

学名／Ptilium crista - castrensis
生態分類／ハイゴケ科　ダチョウゴケ属
分布／北海道〜四国、東アジア・ヨーロッパ・北アメリカなど
自生環境／日向〜半日陰、土上
育成難易度／やや難しい

標高のある高山帯の土、もしくは腐葉土に立ち上がりながら羽状型の葉を広げる特徴あるコケで、葉は全体的に硬質で三角形を帯びる。繁殖は、下葉から分岐しながら新芽を出してマット状で繁茂する。コケを販売するお店でも、ほとんど流通しない種類なため、育成を楽しむ場合はフィールドで採集したほうがよい。涼しい場所を好むため、容器での育成では出来るだけ涼しいところで楽しみたい。

ミズシダゴケ

●水羊歯苔

学名	Cratoneuron filicinum
生態分類	ヤナギゴケ科　シャグマゴケ属
分布	日本全国、中国・インド・ヨーロッパ・北アフリカ・南北アメリカなど
自生環境	日向～半日陰、水際の岩上
育成難易度	易しい

渓流沿いなどの濡れた岩の上や、滝の水飛沫が掛かる場所を好む本種は、着生する力が強いため、石や岩に着いた状態で育成することができる。成長が早く葉から分岐しながら繁茂する。容器内でも、石や流木の上に乗せることで活着しながら葉を展開するので、石や流木を多用したレイアウトでは使いやすい。

ネズミノオゴケ

● 鼠の尾苔

学名／Myuroclada maximoviczii
生態分類／アオギヌゴケ科　ネズミノオゴケ属
分布／日本全国、東アジア・ロシア・ヨーロッパ・北アメリカなど
自生環境／日向、岩上または石灰質の岸壁
育成難易度／易しい

人里に近い岩垣や、石灰質の壁などに見られる種類で、和名にも使われたネズミの尾に似た太い葉をマット状に広げながら着生するのが大きな特徴。自生地では、壁などに下向きに成長しているので、容器内で育成する場合も縦型の物にケト土で着けて育てると、自然界に近い形状で育てることができる。

カマサワゴケ

●鎌沢苔

学名／Philonotis falcate
生態分類／タマゴケ科　サワゴケ属
分布／日本全国、東アジア・インド・フィリピン・ハワイ・アフリカなど
自生環境／日向、水の流れる岩上または岸壁
育成難易度／易しい

山から流れる水の場所に多く自生していて、流水中にも見られるコケで、明るい緑色でコロニーを形成する。葉は非常に柔らかく、水を弾く性質があり、時に水面に浮いたまま成長することがある。過剰な蒸れに弱く、容器で使う場合は適度に光が差し込む場所を選んで出来るだけ涼しい場所で育成したほうがよい。

クジャクゴケ

●孔雀苔

学名／Hypopterygium fauriei
生態分類／クジャクゴケ科　クジャクゴケ属
分布／日本全国、東アジアなど
自生環境／半日陰、岩上
育成難易度／易しい

温暖な場所を好む非常に美しいコケで、葉の形状が孔雀の羽を連想させる独特の葉姿。自生地では、薄暗い場所の朽木や、岩の上に大きなマットを作りクジャクの葉を広げる。ある程度の湿度がないと葉がカールするように萎んでしまうので、湿度が保たれるようなフタ付きの容器で管理すると長期で楽しめる。

ホソウリゴケ

●細瓜苔

学名／Brachymenium exile
生態分類／ハリガネゴケ科　ウリゴケ属
分布／日本全国、中国・インド・東南アジア・オーストラリア・南アフリカなど
自生環境／日向、石灰質の岸壁
育成難易度／やや難しい

非常に小型であるハリガネゴケ科のコケで、都市部のコンクリート壁にある溝や、アスファルト上でも自生する姿が見られるポピュラーな種類。山あいでは、人工壁にも多く着生しながら丸いコロニーを作る。寒い季節には青々とした塊を多く形成する一方で、暑い季節では乾燥して茶色くなっているドライの姿が見られる。容器内でも蒸れに弱いため、置き場所は涼しい場所を選ぶようにしたい。

ゼニゴケ

●銭苔

学名／Marchantia polymorpha
生態分類／ゼニゴケ科　ゼニゴケ属
分布／日本全国、世界中
自生環境／日向、湿った土上
育成難易度／易しい

民家の軒先や、陽の当たらない建物の間、畑の脇などの土の上に自生するゼニゴケ科の代表種。全国各地に普通に見られる分岐型のコケで、緑

うな感じで葉を伸ばす。比較的に乾燥に強く、湿度が高い状態が続いてしまうと茶色く変色して枯れてしまう。フタのない容器では簡単に育

ジャゴケ

●蛇苔

学名／Conocephalum conicum
生態分類／ジャゴケ科　ジャゴケ属
分布／日本全国、東アジア・ロシア・ヨーロッパ・北アメリカなど
自生環境／日向、土上または岩上
育成難易度／易しい

ゼニゴケに葉姿が似ている大型苔の仲間で、低地の林床などでも普通に匍匐しながら自生している。広い葉の表面には、名前の由来にもなった蛇の体（鱗）の模様に似た特徴が見られ、葉の質感も蛇の体と同じような感触がある。乾燥に強く、非常に丈夫な種類なので、どんな容器でも簡単に育てることができる。

ヤナギゴケ

● 柳苔

学名／Ambiystegium riparium
生態分類／ヤナギゴケ科　ヤナギゴケ属
分布／日本全国、中国・インド・ロシア・ヨーロッパ・アフリカ・北アメリカなど
自生環境／日向、主に湧水河川の水中
育成難易度／易しい

自生地での本種は、ほとんどが湧水を水源とする場所に多く見られ、基本的には水中の岩などに着生しながら育つ。このような水辺では、水際にある岩に陸生型で成長も確認できるが、本来は水生苔として認知される。水の清浄な場所に自生しているので、小型容器では育たないイメージだが、普通に育てることができる。上に向かって育つので、高さのある容器での育成をお勧めする。アクアリウムショップで入手できる。

カワゴケ

●川苔

学名／Fontinalis hypnoides
生態分類／カワゴケ科　カワゴケ属
分布／日本全国、東アジア・ヨーロッパ・アフリカ・北アメリカなど
自生環境／日向、湧水河川の水中
育成難易度／易しい

湧水起源の流れのある河川域のみ自生していて、物に着生する性質があるため、自然界での本種は、川底の岩に固着して流れにたなびく美しい姿が確認できる。水質に敏感で、悪化するとあっという間に枯れてしまう。高さのある容器で育てることが可能で、上に向かって育つ水中葉の集合体は見事。

Moss in the bottle

苔ボトル
育てる 楽しむ 癒しのコケ図鑑

著者：佐々木浩之／戸津健治
編集人：佐藤広野
発行人：杉原葉子
発行：株式会社電波社
　　　〒154-0002
　　　東京都世田谷区下馬 6-15-4
　　　TEL:03-3418-4620
　　　FAX:03-3421-7170
　　　http://www.rc-tech.co.jp/

印刷・製本　大日本印刷株式会社

乱丁・落了本は、小社へ直接お送りください。
郵送料小社負担にてお取り替え致します。
無断複写・転載を禁じます。
定価はカバーに表示してあります。

ISBN 978-4-86490-029-4 C2076
© 2017 DENPA-SHA CO.,LTD.